CONVERTING FRACTIONS TO DECIMALS
VOLUME II

Math 5th Grade
Children's Fraction Books

BABY PROFESSOR
EDUCATION KIDS

Speedy Publishing LLC
40 E. Main St. #1156
Newark, DE 19711
www.speedypublishing.com
Copyright 2017

All Rights reserved. No part of this book may be reproduced or used in any way or form or by any means whether electronic or mechanical, this means that you cannot record or photocopy any material ideas or tips that are provided in this book.

Hi there! What's up?

From the previous edition of this workbook we already explained things about conversion of fractions to decimals and vice versa. Don't worry, procedure for conversion is still available in this workbook for you to be guided.

Have Fun!

CONVERTING FRACTIONS TO DECIMAL FORM

A fraction sign — and the division sign ÷ are the same. So, whenever you see an equation like this, $\frac{1}{2}$.

It means: $\frac{1}{2}$ or $1 \div 2$

How to convert a fraction to decimal

➲ Divide the numerator by the denominator

$\frac{1}{2}$ ← Numerator / Denominator

$\frac{1}{2} = 1 \div 2 = \boxed{0.5}$

CONVERTING DECIMALS TO FRACTION FORM

How to convert a decimal to a fraction.

- Write down the decimal divided by 1, like this:

$$\frac{0.5}{1}$$

- Multiply both top and bottom by 10 for every number after the decimal point. If there are two digits after the decimal point, then use 100, if there are three then use 1000 and so on.

$$\frac{0.5}{1} \times \frac{10}{10} = \frac{50}{100}$$

- Reduce to lowest term.

$$\frac{50}{100} = \frac{25}{50} = \boxed{\frac{1}{2}}$$

Okay! it's time to practice what you have learned.

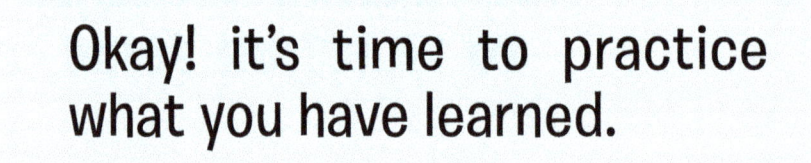

Have fun learning with these cool fraction and Decimal activities!

Enjoy!

ADDING FRACTIONS

Let's start adding fractions!

ADDING FRACTIONS

ACTIVITY NO: 1

Add the fractions then convert the answer to its decimal form.

1) $\frac{1}{3} + \frac{2}{10}$ =

2) $\frac{1}{2} + \frac{1}{4}$ =

3) $\frac{3}{8} + \frac{3}{10}$ =

4) $\frac{3}{4} + \frac{3}{9}$ =

5) $\frac{2}{5} + \frac{1}{4}$ =

6) $\frac{3}{4} + \frac{1}{5}$ =

7) $\frac{2}{3} + \frac{5}{8}$ =

8) $\frac{5}{6} + \frac{2}{4}$ =

9) $\frac{3}{4} + \frac{3}{5}$ =

10) $\frac{7}{8} + \frac{5}{7}$ =

ADDING FRACTIONS

ACTIVITY NO: 2

Add the fractions then convert the answer to its decimal form.

1) $3/5 + 2/7$ =

2) $3/4 + 1/2$ =

3) $6/10 + 1/2$ =

4) $8/10 + 4/7$ =

5) $1/2 + 2/9$ =

6) $5/7 + 1/4$ =

7) $2/8 + 1/5$ =

8) $5/10 + 3/7$ =

9) $6/8 + 1/2$ =

10) $5/10 + 2/7$ =

ADDING FRACTIONS

ACTIVITY NO: 3

Add the fractions then convert the answer to its decimal form.

1) $7/8 + 6/7$ =

2) $3/4 + 2/3$ =

3) $2/3 + 3/8$ =

4) $1/2 + 4/10$ =

5) $7/8 + 3/5$ =

6) $4/7 + 1/8$ =

7) $8/10 + 6/8$ =

8) $3/5 + 1/6$ =

9) $4/6 + 1/3$ =

10) $4/6 + 2/5$ =

ADDING FRACTIONS

ACTIVITY NO: 4

Add the fractions then convert the answer to its decimal form.

1) $\frac{8}{10} + \frac{2}{3}$ =

2) $\frac{4}{9} + \frac{1}{10}$ =

3) $\frac{3}{5} + \frac{1}{2}$ =

4) $\frac{7}{9} + \frac{7}{10}$ =

5) $\frac{6}{8} + \frac{1}{5}$ =

6) $\frac{2}{3} + \frac{2}{5}$ =

7) $\frac{2}{4} + \frac{1}{2}$ =

8) $\frac{4}{5} + \frac{2}{8}$ =

9) $\frac{3}{8} + \frac{1}{3}$ =

10) $\frac{1}{2} + \frac{1}{5}$ =

ADDING FRACTIONS

ACTIVITY NO: 5

Add the fractions then convert the answer to its decimal form.

1) $\frac{2}{5} + \frac{2}{6}$ =

2) $\frac{3}{5} + \frac{2}{6}$ =

3) $\frac{5}{7} + \frac{4}{6}$ =

4) $\frac{6}{7} + \frac{4}{9}$ =

5) $\frac{8}{10} + \frac{3}{5}$ =

6) $\frac{3}{4} + \frac{2}{10}$ =

7) $\frac{2}{3} + \frac{1}{2}$ =

8) $\frac{3}{6} + \frac{2}{10}$ =

9) $\frac{7}{10} + \frac{1}{2}$ =

10) $\frac{1}{3} + \frac{2}{7}$ =

ADDING FRACTIONS

ACTIVITY NO: 6

Add the fractions then convert the answer to its decimal form.

1) $7/8 + 5/6$ =

2) $4/5 + 1/3$ =

3) $6/7 + 1/6$ =

4) $5/9 + 1/8$ =

5) $4/9 + 1/10$ =

6) $2/3 + 1/4$ =

7) $4/6 + 3/7$ =

8) $3/4 + 1/9$ =

9) $4/7 + 2/5$ =

10) $5/6 + 1/8$ =

ADDING FRACTIONS

ACTIVITY NO: 7

Add the fractions then convert the answer to its decimal form.

1) $2/5 + 3/10$ =

2) $5/8 + 1/2$ =

3) $3/7 + 2/10$ =

4) $3/6 + 1/5$ =

5) $2/3 + 1/5$ =

6) $3/5 + 3/10$ =

7) $3/4 + 1/2$ =

8) $9/10 + 2/6$ =

9) $4/8 + 2/4$ =

10) $3/6 + 2/7$ =

ADDING FRACTIONS

ACTIVITY NO: 8

Add the fractions then convert the answer to its decimal form.

1) $7/10 + 1/2$ =

2) $6/10 + 1/4$ =

3) $1/3 + 1/6$ =

4) $2/5 + 1/8$ =

5) $2/4 + 1/5$ =

6) $1/4 + 1/5$ =

7) $1/2 + 2/8$ =

8) $1/4 + 4/9$ =

9) $6/7 + 1/2$ =

10) $6/7 + 1/3$ =

ADDING FRACTIONS

ACTIVITY NO: 9

Add the fractions then convert the answer to its decimal form.

1) $5/6 + 1/3$ =

2) $1/2 + 2/7$ =

3) $4/5 + 3/4$ =

4) $8/9 + 4/10$ =

5) $7/9 + 2/4$ =

6) $2/5 + 1/4$ =

7) $4/7 + 1/3$ =

8) $5/6 + 2/4$ =

9) $8/9 + 1/4$ =

10) $1/2 + 1/10$ =

ADDING FRACTIONS

ACTIVITY NO: 10

Add the fractions then convert the answer to its decimal form.

1) $2/7 + 1/10$ =

2) $4/6 + 2/10$ =

3) $4/6 + 1/2$ =

4) $4/7 + 4/10$ =

5) $8/10 + 2/9$ =

6) $2/3 + 2/8$ =

7) $2/3 + 2/7$ =

8) $4/10 + 1/5$ =

9) $5/6 + 2/4$ =

10) $6/9 + 2/4$ =

ADDING FRACTIONS

ACTIVITY NO: 11

Add the fractions then convert the answer to its decimal form.

1) $3/4 + 1/3$ =

2) $7/8 + 2/3$ =

3) $6/7 + 1/2$ =

4) $3/7 + 1/6$ =

5) $2/3 + 4/9$ =

6) $1/3 + 1/8$ =

7) $6/7 + 2/9$ =

8) $2/3 + 2/10$ =

9) $2/6 + 1/5$ =

10) $2/3 + 3/9$ =

ADDING FRACTIONS

ACTIVITY NO: 12

Add the fractions then convert the answer to its decimal form.

1) $7/10 + 1/3$ =

2) $4/7 + 3/6$ =

3) $7/9 + 2/10$ =

4) $3/4 + 2/8$ =

5) $2/3 + 3/8$ =

6) $2/3 + 6/8$ =

7) $5/7 + 3/9$ =

8) $3/4 + 4/10$ =

9) $3/4 + 5/8$ =

10) $1/2 + 1/7$ =

ADDING FRACTIONS

ACTIVITY NO: 13

Add the fractions then convert the answer to its decimal form.

1) $5/8 + 2/9$ =

2) $1/4 + 1/5$ =

3) $5/8 + 5/9$ =

4) $2/6 + 1/8$ =

5) $2/4 + 1/3$ =

6) $5/7 + 2/3$ =

7) $5/7 + 4/9$ =

8) $8/10 + 1/2$ =

9) $7/8 + 1/2$ =

10) $4/7 + 2/5$ =

ADDING FRACTIONS

ACTIVITY NO: 14

Add the fractions then convert the answer to its decimal form.

1) $6/9 + 2/7$ =

2) $4/8 + 1/5$ =

3) $6/9 + 1/4$ =

4) $1/2 + 2/7$ =

5) $3/10 + 2/7$ =

6) $1/3 + 1/8$ =

7) $2/4 + 3/7$ =

8) $5/6 + 5/9$ =

9) $2/5 + 1/8$ =

10) $2/6 + 1/5$ =

ADDING FRACTIONS

ACTIVITY NO: 15

Add the fractions then convert the answer to its decimal form.

1) $3/8 + 4/8$ =

2) $1/2 + 4/10$ =

3) $2/3 + 1/6$ =

4) $5/8 + 1/2$ =

5) $2/4 + 2/5$ =

6) $3/4 + 5/8$ =

7) $3/4 + 6/10$ =

8) $1/2 + 1/3$ =

9) $4/10 + 2/9$ =

10) $4/6 + 2/4$ =

ADDING FRACTIONS

ACTIVITY NO: 16

Add the fractions then convert the answer to its decimal form.

1) $3/6 + 1/2$ =

2) $4/6 + 2/3$ =

3) $3/4 + 1/5$ =

4) $1/2 + 1/8$ =

5) $5/9 + 2/4$ =

6) $5/6 + 1/2$ =

7) $4/8 + 1/4$ =

8) $5/7 + 3/5$ =

9) $8/9 + 1/2$ =

10) $9/10 + 2/3$ =

ADDING FRACTIONS

ACTIVITY NO: 17

Add the fractions then convert the answer to its decimal form.

1) $2/3 + 2/4$ =

2) $3/5 + 1/2$ =

3) $2/6 + 1/3$ =

4) $8/9 + 6/7$ =

5) $2/3 + 1/8$ =

6) $1/2 + 1/3$ =

7) $4/6 + 2/3$ =

8) $2/3 + 1/9$ =

9) $4/7 + 4/9$ =

10) $3/5 + 1/6$ =

ADDING FRACTIONS

ACTIVITY NO: 18

Add the fractions then convert the answer to its decimal form.

1) $1/3 + 2/8$ =

2) $2/3 + 4/10$ =

3) $2/3 + 3/9$ =

4) $7/10 + 4/7$ =

5) $6/8 + 1/6$ =

6) $4/7 + 1/2$ =

7) $2/3 + 3/6$ =

8) $4/5 + 2/4$ =

9) $7/8 + 2/7$ =

10) $2/3 + 4/8$ =

ADDING FRACTIONS

ACTIVITY NO: 19

Add the fractions then convert the answer to its decimal form.

1) $\frac{8}{9} + \frac{3}{6}$ =

2) $\frac{6}{10} + \frac{1}{7}$ =

3) $\frac{1}{2} + \frac{1}{8}$ =

4) $\frac{2}{4} + \frac{1}{2}$ =

5) $\frac{4}{6} + \frac{3}{5}$ =

6) $\frac{1}{2} + \frac{1}{4}$ =

7) $\frac{3}{6} + \frac{3}{9}$ =

8) $\frac{1}{2} + \frac{1}{7}$ =

9) $\frac{1}{2} + \frac{4}{10}$ =

10) $\frac{3}{4} + \frac{1}{3}$ =

ADDING FRACTIONS

ACTIVITY NO: 20

Add the fractions then convert the answer to its decimal form.

1) $2/7 + 1/6$ =

2) $1/2 + 2/8$ =

3) $8/9 + 2/6$ =

4) $5/8 + 6/10$ =

5) $4/7 + 1/2$ =

6) $6/10 + 5/9$ =

7) $8/9 + 6/7$ =

8) $7/8 + 2/10$ =

9) $2/3 + 4/8$ =

10) $7/10 + 1/4$ =

SUBTRACTING FRACTIONS

Let's start subtracting fractions!

SUBTRACTING FRACTIONS

ACTIVITY NO: 1

Subtract the fractions then convert the answer to its decimal form.

1) $\frac{4}{5} - \frac{1}{4}$ =

2) $\frac{8}{10} - \frac{3}{8}$ =

3) $\frac{1}{3} - \frac{1}{8}$ =

4) $\frac{4}{5} - \frac{4}{9}$ =

5) $\frac{6}{9} - \frac{5}{10}$ =

6) $\frac{4}{6} - \frac{1}{9}$ =

7) $\frac{6}{10} - \frac{1}{3}$ =

8) $\frac{2}{4} - \frac{1}{8}$ =

9) $\frac{2}{3} - \frac{5}{10}$ =

10) $\frac{5}{6} - \frac{1}{2}$ =

SUBTRACTING FRACTIONS

ACTIVITY NO: 2

Subtract the fractions then convert the answer to its decimal form.

1) $\frac{1}{2} - \frac{1}{6}$ =

2) $\frac{6}{8} - \frac{1}{2}$ =

3) $\frac{2}{6} - \frac{1}{4}$ =

4) $\frac{1}{2} - \frac{2}{6}$ =

5) $\frac{3}{6} - \frac{2}{9}$ =

6) $\frac{1}{2} - \frac{1}{7}$ =

7) $\frac{5}{6} - \frac{6}{8}$ =

8) $\frac{3}{4} - \frac{5}{9}$ =

9) $\frac{5}{8} - \frac{1}{2}$ =

10) $\frac{2}{3} - \frac{1}{2}$ =

SUBTRACTING FRACTIONS

ACTIVITY NO: 3

Subtract the fractions then convert the answer to its decimal form.

1) $\frac{3}{8} - \frac{1}{3}$ =

2) $\frac{3}{9} - \frac{2}{7}$ =

3) $\frac{7}{9} - \frac{1}{2}$ =

4) $\frac{5}{8} - \frac{1}{10}$ =

5) $\frac{2}{3} - \frac{1}{2}$ =

6) $\frac{2}{3} - \frac{2}{8}$ =

7) $\frac{6}{8} - \frac{2}{5}$ =

8) $\frac{1}{2} - \frac{4}{10}$ =

9) $\frac{3}{4} - \frac{2}{5}$ =

10) $\frac{2}{3} - \frac{5}{8}$ =

SUBTRACTING FRACTIONS

ACTIVITY NO: 4

Subtract the fractions then convert the answer to its decimal form.

1) $\frac{4}{5} - \frac{2}{4} =$

2) $\frac{8}{9} - \frac{4}{6} =$

3) $\frac{6}{7} - \frac{1}{8} =$

4) $\frac{4}{5} - \frac{2}{3} =$

5) $\frac{1}{2} - \frac{3}{7} =$

6) $\frac{5}{7} - \frac{2}{10} =$

7) $\frac{2}{3} - \frac{2}{4} =$

8) $\frac{3}{6} - \frac{1}{2} =$

9) $\frac{4}{5} - \frac{4}{10} =$

10) $\frac{1}{2} - \frac{1}{6} =$

SUBTRACTING FRACTIONS

ACTIVITY NO: 5

Subtract the fractions then convert the answer to its decimal form.

1) $\frac{1}{3} - \frac{1}{4}$ =

2) $\frac{2}{5} - \frac{2}{9}$ =

3) $\frac{7}{9} - \frac{1}{2}$ =

4) $\frac{7}{8} - \frac{7}{9}$ =

5) $\frac{3}{5} - \frac{2}{8}$ =

6) $\frac{1}{2} - \frac{1}{5}$ =

7) $\frac{6}{7} - \frac{1}{2}$ =

8) $\frac{3}{9} - \frac{1}{3}$ =

9) $\frac{4}{6} - \frac{1}{3}$ =

10) $\frac{2}{7} - \frac{2}{8}$ =

SUBTRACTING FRACTIONS

ACTIVITY NO: 6

Subtract the fractions then convert the answer to its decimal form.

1) $\frac{4}{10} - \frac{2}{6}$ =

2) $\frac{5}{8} - \frac{3}{6}$ =

3) $\frac{7}{10} - \frac{1}{5}$ =

4) $\frac{1}{4} - \frac{1}{5}$ =

5) $\frac{4}{9} - \frac{2}{6}$ =

6) $\frac{3}{4} - \frac{2}{3}$ =

7) $\frac{2}{7} - \frac{1}{4}$ =

8) $\frac{5}{10} - \frac{1}{3}$ =

9) $\frac{3}{4} - \frac{3}{9}$ =

10) $\frac{9}{10} - \frac{1}{2}$ =

SUBTRACTING FRACTIONS

ACTIVITY NO: 7

Subtract the fractions then convert the answer to its decimal form.

1) $\frac{2}{3} - \frac{3}{10}$ =

2) $\frac{5}{6} - \frac{1}{2}$ =

3) $\frac{7}{8} - \frac{1}{2}$ =

4) $\frac{7}{9} - \frac{3}{10}$ =

5) $\frac{4}{7} - \frac{1}{2}$ =

6) $\frac{1}{2} - \frac{1}{8}$ =

7) $\frac{4}{5} - \frac{2}{3}$ =

8) $\frac{6}{8} - \frac{4}{6}$ =

9) $\frac{3}{4} - \frac{4}{8}$ =

10) $\frac{4}{7} - \frac{1}{6}$ =

SUBTRACTING FRACTIONS

ACTIVITY NO: 8

Subtract the fractions then convert the answer to its decimal form.

1) $3/6 - 1/10 =$

2) $2/5 - 1/4 =$

3) $1/2 - 1/5 =$

4) $2/4 - 1/3 =$

5) $3/4 - 3/6 =$

6) $4/10 - 2/9 =$

7) $2/5 - 1/3 =$

8) $3/6 - 2/5 =$

9) $5/6 - 5/9 =$

10) $2/3 - 1/2 =$

SUBTRACTING FRACTIONS

ACTIVITY NO: 9

Subtract the fractions then convert the answer to its decimal form.

1) $7/9 - 1/4$ =

2) $6/4 - 4/6$ =

3) $2/3 - 1/9$ =

4) $6/7 - 2/4$ =

5) $2/4 - 1/3$ =

6) $1/2 - 3/7$ =

7) $3/4 - 4/10$ =

8) $3/7 - 1/3$ =

9) $4/5 - 3/4$ =

10) $3/8 - 2/6$ =

SUBTRACTING FRACTIONS

ACTIVITY NO: 10

Subtract the fractions then convert the answer to its decimal form.

1) ½ - 1/7 =

2) 3/6 - ½ =

3) 6/8 - 2/3 =

4) 5/6 - 1/3 =

5) 5/9 - ½ =

6) 7/8 - 5/9 =

7) 2/3 - 2/8 =

8) 7/9 - 2/6 =

9) 6/7 - 7/10 =

10) 3/7 - 1/3 =

SUBTRACTING FRACTIONS

ACTIVITY NO: 11

Subtract the fractions then convert the answer to its decimal form.

1) $\frac{4}{5} - \frac{6}{8} =$

2) $\frac{3}{4} - \frac{7}{10} =$

3) $\frac{6}{10} - \frac{1}{2} =$

4) $\frac{2}{10} - \frac{1}{5} =$

5) $\frac{1}{3} - \frac{1}{8} =$

6) $\frac{8}{9} - \frac{3}{7} =$

7) $\frac{3}{4} - \frac{6}{9} =$

8) $\frac{3}{6} - \frac{4}{10} =$

9) $\frac{1}{2} - \frac{1}{10} =$

10) $\frac{5}{8} - \frac{3}{7} =$

SUBTRACTING FRACTIONS

ACTIVITY NO: 12

Subtract the fractions then convert the answer to its decimal form.

1) $\frac{4}{5} - \frac{2}{4} =$

2) $\frac{5}{9} - \frac{2}{10} =$

3) $\frac{6}{9} - \frac{1}{10} =$

4) $\frac{7}{10} - \frac{1}{5} =$

5) $\frac{7}{9} - \frac{3}{5} =$

6) $\frac{3}{5} - \frac{1}{2} =$

7) $\frac{4}{9} - \frac{4}{5} =$

8) $\frac{2}{10} - \frac{1}{7} =$

9) $\frac{1}{3} - \frac{1}{6} =$

10) $\frac{9}{10} - \frac{7}{8} =$

SUBTRACTING FRACTIONS

ACTIVITY NO: 13

Subtract the fractions then convert the answer to its decimal form.

1) $\frac{4}{8} - \frac{1}{3} =$

2) $\frac{3}{6} - \frac{2}{5} =$

3) $\frac{3}{10} - \frac{2}{8} =$

4) $\frac{5}{6} - \frac{2}{3} =$

5) $\frac{1}{2} - \frac{4}{9} =$

6) $\frac{3}{5} - \frac{3}{6} =$

7) $\frac{8}{9} - \frac{1}{6} =$

8) $\frac{2}{3} - \frac{2}{9} =$

9) $\frac{4}{5} - \frac{2}{9} =$

10) $\frac{5}{10} - \frac{1}{4} =$

SUBTRACTING FRACTIONS

ACTIVITY NO: 14

Subtract the fractions then convert the answer to its decimal form.

1) $\frac{3}{4} - \frac{3}{8}$ =

2) $\frac{1}{2} - \frac{3}{9}$ =

3) $\frac{2}{3} - \frac{3}{5}$ =

4) $\frac{4}{7} - \frac{1}{8}$ =

5) $\frac{7}{9} - \frac{6}{9}$ =

6) $\frac{4}{8} - \frac{2}{10}$ =

7) $\frac{4}{7} - \frac{1}{2}$ =

8) $\frac{5}{7} - \frac{1}{3}$ =

9) $\frac{2}{5} - \frac{2}{8}$ =

10) $\frac{3}{4} - \frac{1}{2}$ =

SUBTRACTING FRACTIONS

ACTIVITY NO: 15

Subtract the fractions then convert the answer to its decimal form.

1) $6/7 - 1/2$ =

2) $3/4 - 2/3$ =

3) $2/5 - 1/4$ =

4) $9/10 - 3/5$ =

5) $4/7 - 1/5$ =

6) $5/6 - 5/8$ =

7) $7/10 - 1/7$ =

8) $4/6 - 2/3$ =

9) $5/6 - 1/2$ =

10) $4/10 - 1/3$ =

SUBTRACTING FRACTIONS

ACTIVITY NO: 16

Subtract the fractions then convert the answer to its decimal form.

1) $5/10 - 1/2$ =

2) $3/7 - 1/4$ =

3) $4/9 - 1/6$ =

4) $7/10 - 2/7$ =

5) $5/9 - 1/2$ =

6) $6/10 - 1/2$ =

7) $2/4 - 1/2$ =

8) $1/3 - 1/6$ =

9) $1/2 - 3/7$ =

10) $2/3 - 1/2$ =

SUBTRACTING FRACTIONS

ACTIVITY NO: 17

Subtract the fractions then convert the answer to its decimal form.

1) $\dfrac{4}{6} - \dfrac{4}{7} =$

2) $\dfrac{1}{3} - \dfrac{1}{7} =$

3) $\dfrac{1}{2} - \dfrac{1}{10} =$

4) $\dfrac{7}{8} - \dfrac{1}{6} =$

5) $\dfrac{8}{9} - \dfrac{4}{8} =$

6) $\dfrac{2}{5} - \dfrac{1}{6} =$

7) $\dfrac{6}{7} - \dfrac{5}{10} =$

8) $\dfrac{4}{5} - \dfrac{1}{6} =$

9) $\dfrac{7}{9} - \dfrac{3}{6} =$

10) $\dfrac{5}{8} - \dfrac{3}{6} =$

SUBTRACTING FRACTIONS

ACTIVITY NO: 18

Subtract the fractions then convert the answer to its decimal form.

1) $\frac{8}{9} - \frac{1}{4} =$

2) $\frac{4}{6} - \frac{3}{8} =$

3) $\frac{2}{4} - \frac{3}{10} =$

4) $\frac{3}{5} - \frac{1}{2} =$

5) $\frac{1}{2} - \frac{1}{3} =$

6) $\frac{3}{5} - \frac{1}{6} =$

7) $\frac{1}{2} - \frac{2}{5} =$

8) $\frac{8}{9} - \frac{2}{5} =$

9) $\frac{2}{3} - \frac{1}{2} =$

10) $\frac{7}{8} - \frac{4}{7} =$

SUBTRACTING FRACTIONS

ACTIVITY NO: 19

Subtract the fractions then convert the answer to its decimal form.

1) $\frac{9}{10} - \frac{3}{4} =$

2) $\frac{1}{2} - \frac{4}{9} =$

3) $\frac{2}{3} - \frac{6}{10} =$

4) $\frac{8}{9} - \frac{3}{5} =$

5) $\frac{1}{5} - \frac{1}{6} =$

6) $\frac{2}{3} - \frac{1}{5} =$

7) $\frac{2}{3} - \frac{1}{6} =$

8) $\frac{4}{7} - \frac{2}{8} =$

9) $\frac{7}{8} - \frac{6}{9} =$

10) $\frac{4}{5} - \frac{7}{10} =$

SUBTRACTING FRACTIONS

ACTIVITY NO: 20

Subtract the fractions then convert the answer to its decimal form.

1) $2/4 - 3/8$ =

2) $7/10 - 2/3$ =

3) $4/10 - 1/4$ =

4) $7/8 - 3/7$ =

5) $4/7 - 1/3$ =

6) $4/7 - 1/9$ =

7) $1/2 - 2/9$ =

8) $5/9 - 2/6$ =

9) $2/3 - 1/2$ =

10) $3/6 - 1/4$ =

ANSWERS

ADDING FRACTIONS

FRACTIONS TO DECIMALS — ACTIVITY NO: 1

Convert the fractions to decimals.

$3/4 + 1/5 = 0.95$ $1/3 + 2/10 = 0.533$

$2/3 + 5/8 = 1.291$ $1/2 + 1/4 = 0.75$

$5/6 + 2/4 = 1.333$ $3/8 + 3/10 = 0.675$

$3/4 + 3/5 = 1.35$ $3/4 + 3/9 = 1.083$

$7/8 + 5/7 = 1.589$ $2/5 + 1/4 = 0.65$

FRACTIONS TO DECIMALS — ACTIVITY NO: 2

Convert the fractions to decimals.

$3/5 + 2/7 = 0.885$ $5/7 + 1/4 = 0.964$

$3/4 + 1/2 = 1.25$ $2/8 + 1/5 = 0.45$

$6/10 + 1/2 = 1.1$ $5/10 + 3/7 = 0.928$

$8/10 + 4/7 = 1.371$ $6/8 + 1/2 = 1.25$

$1/2 + 2/9 = 0.722$ $5/10 + 2/7 = 0.785$

FRACTIONS TO DECIMALS — ACTIVITY NO: 3

Convert the fractions to decimals.

$7/8 + 6/7 = 1.732$ $\quad$ $4/7 + 1/8 = 0.696$

$3/4 + 2/3 = 1.416$ $\quad$ $8/10 + 6/8 = 1.55$

$2/3 + 3/8 = 1.041$ $\quad$ $3/5 + 1/6 = 0.766$

$1/2 + 4/10 = 0.9$ $\quad$ $4/6 + 1/3 = 1$

$7/8 + 3/5 = 1.475$ $\quad$ $4/6 + 2/5 = 1.066$

FRACTIONS TO DECIMALS — ACTIVITY NO: 4

Convert the fractions to decimals.

$8/10 + 2/3 = 1.466$ $\quad$ $2/3 + 2/5 = 1.066$

$4/9 + 1/10 = 0.544$ $\quad$ $2/4 + 1/2 = 1$

$3/5 + 1/2 = 1.1$ $\quad$ $4/5 + 2/8 = 1.05$

$7/9 + 7/10 = 1.477$ $\quad$ $3/8 + 1/3 = 0.708$

$6/8 + 1/5 = 0.95$ $\quad$ $1/2 + 1/5 = 0.7$

FRACTIONS TO DECIMALS — ACTIVITY NO: 5

Convert the fractions to decimals.

$2/6 + 2/5 = 0.733$ $\quad$ $3/4 + 2/10 = 0.95$

$3/5 + 2/6 = 0.933$ $\quad$ $2/3 + 1/2 = 1.166$

$5/7 + 4/6 = 1.380$ $\quad$ $3/6 + 2/10 = 0.7$

$6/7 + 4/9 = 1.301$ $\quad$ $7/10 + 1/2 = 1.2$

$8/10 + 3/5 = 1.4$ $\quad$ $1/3 + 2/7 = 0.619$

FRACTIONS TO DECIMALS — ACTIVITY NO: 6

Convert the fractions to decimals.

$7/8 + 5/6 = 1.708$ $\quad$ $2/3 + 1/4 = 0.916$

$4/5 + 1/3 = 1.133$ $\quad$ $4/6 + 3/7 = 1.095$

$6/7 + 1/6 = 1.023$ $\quad$ $3/4 + 1/9 = 0.861$

$5/9 + 1/8 = 0.680$ $\quad$ $4/7 + 2/5 = 0.971$

$4/9 + 1/10 = 0.544$ $\quad$ $5/6 + 1/8 = 0.958$

Activity 7: Fractions to Decimals

Convert the fractions to decimals.

$2/5 + 3/10 = 0.7$ $3/5 + 3/10 = 0.9$

$5/8 + 1/2 = 1.125$ $3/4 + 1/2 = 1.25$

$3/7 + 2/10 = 0.628$ $9/10 + 2/6 = 1.233$

$3/6 + 1/5 = 0.7$ $4/8 + 2/4 = 1$

$2/3 + 1/5 = 0.866$ $3/6 + 2/7 = 0.785$

Activity 8: Fractions to Decimals

Convert the fractions to decimals.

$7/10 + 1/2 = 1.2$ $1/4 + 1/5 = 0.45$

$6/10 + 1/4 = 0.85$ $1/2 + 2/8 = 0.75$

$1/3 + 1/6 = 0.5$ $1/4 + 4/9 = 0.694$

$2/5 + 1/8 = 0.525$ $6/7 + 1/2 = 1.357$

$2/4 + 1/5 = 0.7$ $6/7 + 1/3 = 1.190$

Activity 9: Fractions to Decimals

Convert the fractions to decimals.

$5/6 + 1/3 = 1.166$ $2/5 + 1/4 = 0.65$

$1/2 + 2/7 = 0.785$ $4/7 + 1/3 = 0.905$

$4/5 + 3/4 = 1.55$ $5/6 + 2/4 = 1.333$

$8/9 + 4/10 = 1.288$ $8/9 + 1/4 = 1.139$

$7/9 + 2/4 = 1.277$ $1/2 + 1/10 = 0.6$

Activity 10: Fractions to Decimals

Convert the fractions to decimals.

$2/7 + 1/10 = 0.386$ $2/3 + 2/8 = 0.916$

$4/6 + 2/10 = 0.867$ $2/3 + 2/7 = 0.952$

$4/6 + 1/2 = 1.167$ $4/10 + 1/5 = 0.6$

$4/7 + 4/10 = 0.971$ $5/6 + 2/4 = 1.333$

$8/10 + 2/9 = 1.022$ $6/9 + 2/4 = 1.167$

FRACTIONS TO DECIMALS — ACTIVITY NO: 11

Convert the fractions to decimals.

$3/4 + 1/3$ = **1.083** $1/3 + 1/8$ = **0.458**

$7/8 + 2/3$ = **1.541** $6/7 + 2/9$ = **1.079**

$6/7 + 1/2$ = **1.357** $2/3 + 2/10$ = **0.867**

$3/7 + 1/6$ = **0.595** $2/6 + 1/6$ = **0.533**

$2/3 + 4/9$ = **1.111** $2/3 + 3/9$ = **1**

FRACTIONS TO DECIMALS — ACTIVITY NO: 12

Convert the fractions to decimals.

$7/10 + 1/3$ = **1.033** $2/3 + 6/8$ = **1.417**

$4/7 + 3/6$ = **1.071** $5/7 + 3/9$ = **1.048**

$7/9 + 2/10$ = **0.978** $3/4 + 4/10$ = **1.15**

$3/4 + 2/8$ = **1** $3/4 + 5/8$ = **1.375**

$2/3 + 3/8$ = **1.042** $1/2 + 1/7$ = **0.643**

FRACTIONS TO DECIMALS — ACTIVITY NO: 13

Convert the fractions to decimals.

$5/8 + 2/9$ = **0.847** $5/7 + 2/3$ = **1.381**

$1/4 + 1/5$ = **0.45** $5/7 + 4/9$ = **1.159**

$5/8 + 5/9$ = **1.180** $8/10 + 1/2$ = **1.3**

$2/6 + 1/8$ = **0.458** $7/8 + 1/2$ = **1.375**

$2/4 + 1/3$ = **0.833** $4/7 + 2/5$ = **0.971**

FRACTIONS TO DECIMALS — ACTIVITY NO: 14

Convert the fractions to decimals.

$6/9 + 2/7$ = **0.952** $1/3 + 1/8$ = **0.458**

$4/8 + 1/5$ = **0.7** $2/4 + 3/7$ = **0.929**

$6/9 + 1/4$ = **0.917** $5/6 + 5/9$ = **1.389**

$1/2 + 2/7$ = **0.786** $2/5 + 1/8$ = **0.525**

$3/10 + 2/7$ = **0.586** $2/6 + 1/5$ = **0.533**

FRACTIONS TO DECIMALS — ACTIVITY NO: 15

Convert the fractions to decimals.

$3/8 + 4/8 = 0.875$ $3/4 + 5/8 = 1.375$

$1/2 + 4/10 = 0.9$ $3/4 + 6/10 = 1.35$

$2/3 + 1/6 = 0.833$ $1/2 + 1/3 = 0.833$

$5/8 + 1/2 = 1.125$ $4/10 + 2/9 = 0.622$

$2/4 + 2/5 = 0.9$ $4/6 + 2/4 = 1.167$

FRACTIONS TO DECIMALS — ACTIVITY NO: 16

Convert the fractions to decimals.

$3/6 + 1/2 = 1$ $5/6 + 1/2 = 1.333$

$4/6 + 2/3 = 1.333$ $4/8 + 1/4 = 0.75$

$3/4 + 1/5 = 0.95$ $5/7 + 3/5 = 1.314$

$1/2 + 1/8 = 0.625$ $8/9 + 1/2 = 1.389$

$5/9 + 2/4 = 1.056$ $9/10 + 2/3 = 1.567$

FRACTIONS TO DECIMALS — ACTIVITY NO: 17

Convert the fractions to decimals.

$2/3 + 2/4 = 1.167$ $1/2 + 1/3 = 0.833$

$3/5 + 1/2 = 1.1$ $4/6 + 2/3 = 1.333$

$2/6 + 1/3 = 0.667$ $2/3 + 1/9 = 0.778$

$8/9 + 6/7 = 1.746$ $4/7 + 4/9 = 1.016$

$2/3 + 1/8 = 0.792$ $3/5 + 1/6 = 0.767$

FRACTIONS TO DECIMALS — ACTIVITY NO: 18

Convert the fractions to decimals.

$1/3 + 2/8 = 0.583$ $4/7 + 1/2 = 1.071$

$2/3 + 4/10 = 1.067$ $2/3 + 3/6 = 1.167$

$2/3 + 3/9 = 1$ $4/5 + 2/4 = 1.3$

$7/10 + 4/7 = 1.271$ $7/8 + 2/7 = 1.161$

$6/8 + 1/6 = 0.917$ $2/3 + 4/8 = 1.167$

FRACTIONS TO DECIMALS — ACTIVITY NO: 19

Convert the fractions to decimals.

8/9 + 3/6 = **1.389**   1/2 + 1/4 = **0.75**

6/10 + 1/7 = **0.743**   3/6 + 3/9 = **0.833**

1/2 + 1/8 = **0.625**   1/2 + 1/7 = **0.643**

2/4 + 1/2 = **1**   1/2 + 4/10 = **0.9**

4/6 + 3/5 = **1.267**   3/4 + 1/3 = **1.083**

FRACTIONS TO DECIMALS — ACTIVITY NO: 20

Convert the fractions to decimals.

2/7 + 1/6 = **0.452**   6/10 + 5/9 = **1.156**

1/2 + 2/8 = **0.75**   8/9 + 6/7 = **1.746**

8/9 + 2/6 = **1.222**   7/8 + 2/10 = **1.075**

5/8 + 6/10 = **1.225**   2/3 + 4/8 = **1.167**

4/7 + 1/2 = **1.071**   7/10 + 1/4 = **0.95**

SUBTRACTING FRACTIONS

DECIMALS TO FRACTIONS — ACTIVITY NO: 1

Convert the decimals to fractions.

4/5 - 1/4 = **0.55** 4/6 - 1/9 = **0.556**

8/10 - 3/8 = **0.425** 6/10 - 1/3 = **0.267**

1/3 - 1/8 = **0.208** 2/4 - 1/8 = **0.375**

4/5 - 4/9 = **0.356** 2/3 - 5/10 = **0.167**

6/9 - 5/10 = **0.167** 5/6 - 1/2 = **0.333**

DECIMALS TO FRACTIONS — ACTIVITY NO: 2

Convert the decimals to fractions.

1/2 - 1/6 = **0.333** 1/2 - 1/7 = **0.357**

6/8 - 1/2 = **0.25** 5/6 - 6/8 = **0.083**

2/6 - 1/4 = **0.0833** 3/4 - 5/9 = **0.194**

1/2 - 2/6 = **0.167** 5/8 - 1/2 = **0.125**

3/6 - 2/9 = **0.278** 2/3 - 1/2 = **0.166**

DECIMALS TO FRACTIONS — ACTIVITY NO: 3

Convert the decimals to fractions.

$3/8 - 1/3$ = **0.042** $2/3 - 2/8$ = **0.417**

$3/9 - 2/7$ = **0.048** $6/8 - 2/5$ = **0.35**

$7/9 - 1/2$ = **0.278** $1/2 - 4/10$ = **0.1**

$5/8 - 1/10$ = **0.525** $3/4 - 2/5$ = **0.35**

$2/3 - 1/2$ = **0.167** $2/3 - 5/8$ = **0.042**

DECIMALS TO FRACTIONS — ACTIVITY NO: 4

Convert the decimals to fractions.

$4/5 - 2/4$ = **0.3** $5/7 - 2/10$ = **0.514**

$8/9 - 4/6$ = **0.222** $2/3 - 2/4$ = **0.167**

$6/7 - 1/8$ = **0.732** $3/6 - 1/2$ = **0**

$4/5 - 2/3$ = **0.133** $4/5 - 4/10$ = **0.4**

$1/2 - 3/7$ = **0.071** $1/2 - 1/6$ = **0.333**

DECIMALS TO FRACTIONS — ACTIVITY NO: 5

Convert the decimals to fractions.

$1/3 - 1/4$ = **0.083** $1/2 - 1/5$ = **0.3**

$2/5 - 2/9$ = **0.177** $6/7 - 1/2$ = **0.357**

$7/9 - 1/2$ = **0.277** $3/9 - 1/3$ = **0**

$7/8 - 7/9$ = **0.097** $4/6 - 1/3$ = **0.333**

$3/5 - 2/8$ = **0.35** $2/7 - 2/8$ = **0.036**

DECIMALS TO FRACTIONS — ACTIVITY NO: 6

Convert the decimals to fractions.

$4/10 - 2/6$ = **0.067** $3/4 - 2/3$ = **0.083**

$5/8 - 3/6$ = **0.125** $2/7 - 1/4$ = **0.036**

$7/10 - 1/5$ = **0.5** $5/10 - 1/3$ = **0.167**

$1/4 - 1/5$ = **0.05** $3/4 - 3/9$ = **0.417**

$4/9 - 2/6$ = **0.111** $9/10 - 1/2$ = **0.4**

Activity 7

DECIMALS TO FRACTIONS

Convert the decimals to fractions.

2/3 - 3/10 = **0.366**   1/2 - 1/8 = **0.375**

5/6 - 1/2 = **0.333**   4/5 - 2/3 = **0.133**

7/8 - 1/2 = **0.375**   6/8 - 4/6 = **0.083**

7/9 - 3/10 = **0.477**   3/4 - 4/8 = **0.25**

4/7 - 1/2 = **0.071**   4/7 - 1/6 = **0.404**

Activity 8

DECIMALS TO FRACTIONS

Convert the decimals to fractions.

3/6 - 1/10 = **0.4**   4/10 - 2/9 = **0.177**

2/5 - 1/4 = **0.15**   2/5 - 1/3 = **0.066**

1/2 - 1/5 = **0.3**   3/6 - 2/5 = **0.1**

2/4 - 1/3 = **0.166**   5/6 - 5/9 = **0.277**

3/4 - 3/6 = **0.25**   2/3 - 1/2 = **0.166**

Activity 9

DECIMALS TO FRACTIONS

Convert the decimals to fractions.

7/9 - 1/4 = **0.527**   1/2 - 3/7 = **0.071**

6/4 - 4/6 = **0.833**   3/4 - 4/10 = **0.35**

2/3 - 1/9 = **0.555**   3/7 - 1/3 = **0.095**

6/7 - 2/4 = **0.357**   4/5 - 3/4 = **0.05**

2/4 - 1/3 = **0.166**   3/8 - 2/6 = **0.041**

Activity 10

DECIMALS TO FRACTIONS

Convert the decimals to fractions.

1/2 - 1/7 = **0.357**   7/8 - 5/9 = **0.319**

3/6 - 1/2 = **0**   2/3 - 2/8 = **0.416**

6/8 - 2/3 = **0.083**   7/9 - 2/6 = **0.444**

5/6 - 1/3 = **0.5**   6/7 - 7/10 = **0.157**

5/9 - 1/2 = **0.055**   3/7 - 1/3 = **0.095**

DECIMALS TO FRACTIONS — ACTIVITY NO: 11

Convert the decimals to fractions.

4/5 - 6/8 = 0.05   8/9 - 3/7 = 0.460

3/4 - 7/10 = 0.05   3/4 - 6/9 = 0.083

6/10 - 1/2 = 0.1   3/6 - 4/10 = 0.1

2/10 - 1/5 = 0   1/2 - 1/10 = 0.4

1/3 - 1/8 = 0.208   5/8 - 3/7 = 0.196

DECIMALS TO FRACTIONS — ACTIVITY NO: 12

Convert the decimals to fractions.

4/5 - 2/4 = 0.3   3/5 - 1/2 = 0.1

5/9 - 2/10 = 0.355   4/9 - 4/5 = -0.355

6/9 - 1/10 = 0.566   2/10 - 1/7 = 0.057

7/10 - 1/5 = 0.5   1/3 - 1/6 = 0.166

7/9 - 3/5 = 0.177   9/10 - 7/8 = 0.025

DECIMALS TO FRACTIONS — ACTIVITY NO: 13

Convert the decimals to fractions.

4/8 - 1/3 = 0.166   3/5 - 3/6 = 0.1

3/6 - 2/5 = 0.1   8/9 - 1/6 = 0.722

3/10 - 2/8 = 0.05   2/3 - 2/9 = 0.444

5/6 - 2/3 = 0.166   4/5 - 2/9 = 0.577

1/2 - 4/9 = 0.055   5/10 - 1/4 = 0.25

DECIMALS TO FRACTIONS — ACTIVITY NO: 14

Convert the decimals to fractions.

3/4 - 3/8 = 0.375   4/8 - 2/10 = 0.3

1/2 - 3/9 = 0.166   4/7 - 1/2 = 0.071

2/3 - 3/5 = 0.066   5/7 - 1/3 = 0.380

4/7 - 1/8 = 0.446   2/5 - 2/8 = 0.15

7/9 - 6/9 = 0.111   3/4 - 1/2 = 0.25

DECIMALS TO FRACTIONS — ACTIVITY NO: 15

Convert the decimals to fractions.

$6/7 - 1/2$ = **0.357** $5/6 - 5/8$ = **0.208**

$3/4 - 2/3$ = **0.083** $7/10 - 1/7$ = **0.557**

$2/5 - 1/4$ = **0.15** $4/6 - 2/3$ = **0**

$9/10 - 3/5$ = **0.3** $5/6 - 1/2$ = **0.333**

$4/7 - 1/5$ = **0.371** $4/10 - 1/3$ = **0.066**

DECIMALS TO FRACTIONS — ACTIVITY NO: 17

Convert the decimals to fractions.

$4/6 - 4/7$ = **0.095** $2/5 - 1/6$ = **0.233**

$1/3 - 1/7$ = **0.190** $6/7 - 5/10$ = **0.357**

$1/2 - 1/10$ = **0.4** $4/5 - 1/6$ = **0.633**

$7/8 - 1/6$ = **0.708** $7/9 - 3/6$ = **0.277**

$8/9 - 4/8$ = **0.388** $5/8 - 3/6$ = **0.125**

DECIMALS TO FRACTIONS — ACTIVITY NO: 16

Convert the decimals to fractions.

$5/10 - 1/2$ = **0** $6/10 - 1/2$ = **0.1**

$3/7 - 1/4$ = **0.178** $2/4 - 1/2$ = **0**

$4/9 - 1/6$ = **0.277** $1/3 - 1/6$ = **0.166**

$7/10 - 2/7$ = **0.414** $1/2 - 3/7$ = **0.071**

$5/9 - 1/2$ = **0.055** $2/3 - 1/2$ = **0.166**

DECIMALS TO FRACTIONS — ACTIVITY NO: 18

Convert the decimals to fractions.

$8/9 - 1/4$ = **0.638** $3/5 - 1/6$ = **0.433**

$4/6 - 3/8$ = **0.291** $1/2 - 2/5$ = **0.1**

$2/4 - 3/10$ = **0.2** $8/9 - 2/5$ = **0.488**

$3/5 - 1/2$ = **0.1** $2/3 - 1/2$ = **0.166**

$1/2 - 1/3$ = **0.166** $7/8 - 4/7$ = **0.303**

DECIMALS TO FRACTIONS — ACTIVITY NO: 19

Convert the decimals to fractions.

$9/10 - 3/4$ = **0.15** $2/3 - 1/5$ = **0.466**

$1/2 - 4/9$ = **0.055** $2/3 - 1/6$ = **0.5**

$2/3 - 6/10$ = **0.066** $4/7 - 2/8$ = **0.321**

$8/9 - 3/5$ = **0.288** $7/8 - 6/9$ = **0.208**

$1/5 - 1/6$ = **0.033** $4/5 - 7/10$ = **0.1**

DECIMALS TO FRACTIONS — ACTIVITY NO: 20

Convert the decimals to fractions.

$2/4 - 3/8$ = **0.125** $4/7 - 1/9$ = **0.460**

$7/10 - 2/3$ = **0.033** $1/2 - 2/9$ = **0.277**

$4/10 - 1/4$ = **0.15** $5/9 - 2/6$ = **0.222**

$7/8 - 3/7$ = **0.446** $2/3 - 1/2$ = **0.166**

$4/7 - 1/3$ = **0.238** $3/6 - 1/4$ = **0.25**

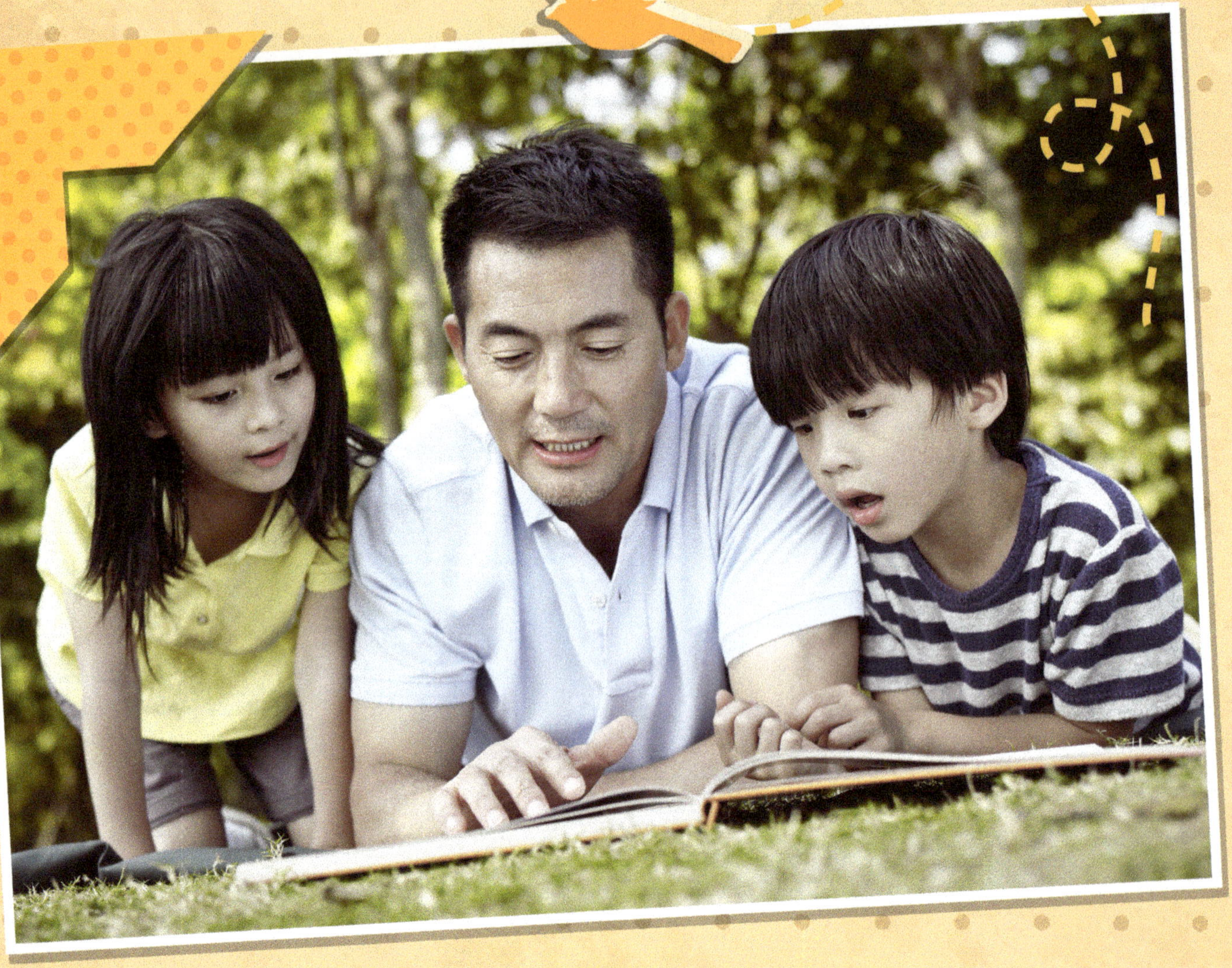

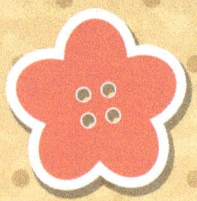

Visit

BABY PROFESSOR
EDUCATION KIDS

www.BabyProfessorBooks.com

to download Free Baby Professor eBooks and view our catalog of new and exciting Children's Books

Milton Keynes UK
Ingram Content Group UK Ltd.
UKHW051049070924
447802UK00025B/68

9 798869 419507